INSTRUCTION MINISTÉRIELLE

RÉGLANT LE FONCTIONNEMENT

DE LA MASSE

DE PETIT ÉQUIPEMENT

(Du 2 décembre 1886).

PARIS | **LIMOGES**
11, place Saint-André-des-Arts | 46, Nouvelle route d'Aixe, 46

IMPRIMERIE, LIBRAIRIE ET PAPETERIE MILITAIRES

HENRI CHARLES-LAVAUZELLE

ÉDITEUR

1887

INSTRUCTION MINISTÉRIELLE

RÉGLANT LE FONCTIONNEMENT

DE LA MASSE

DE PETIT ÉQUIPEMENT.

(Du 2 décembre 1886).

OBSERVATIONS PRÉLIMINAIRES.

En dehors de certaines mesures nouvelles relatives à l'établissement des bons de distribution et aux inscriptions à faire sur les livrets, au fonctionnement de la masse de petit équipement dans les établissements pénitentiaires, etc., la présente instruction contient diverses solutions que comportaient de nouvelles questions de détail soulevées par l'application du décret du 7 mars 1885 ; en outre, elle résume, en les annulant, toutes les dispositions, encore en vigueur, des circulaires, notes, lettres collectives indiquées ci-après :

Circulaire du 26 mars 1885.
Circulaire du 26 juin 1885.
Note ministérielle du 14 août 1885.
Lettre collective du 27 août 1885.
Circulaire du 15 septembre 1885.
Lettre collective du 3 octobre 1885.
Circulaire du 13 novembre 1885.
Note ministérielle du 19 novembre 1885.
Note ministérielle du 30 décembre 1885.
Lettre collective du 26 janvier 1886.

Elle reproduit également les dispositions de la décision présidentielle du 11 novembre 1885.

§ I. — *Objet de la masse de petit équipement.*

La masse de petit équipement est destinée à pourvoir et à entretenir les hommes de troupe de tous grades (à l'exception des adjudants et assimilés, des chefs armuriers, des maîtres selliers et des sous-officiers instructeurs de manège) des effets de linge, de chaussure, de pansage, etc., compris dans la nomenclature du service de l'habillement, sous la dénomination d'effets de petit équipement. Elle supporte également les dépenses résultant des diverses réparations et dégradations imputables aux hommes de troupe et celles relatives aux tambours et clairons qui étaient précédemment imputées à la masse individuelle.

§ II. — *Allocations et recettes.*

1° Les allocations et les recettes de la masse de petit équipement comprennent celles qui étaient faites antérieurement pour le compte de la masse individuelle ;

2° Toutefois, il ne doit pas être exercé de retenue, au profit de la masse de petit équipement, sur la solde des tambours et clairons de l'armée active ou de sa réserve, ni sur le salaire des travailleurs ;

3° Les indigènes qui contractent, au titre des régiments de tirailleurs algériens, un engagement volontaire, après libération, ne doivent plus subir, au profit de la masse de petit équipement, la retenue qu'ils subissaient autrefois sur les allocations de haute paye, pour reconstituer leur masse ;

4° Dans les Ecoles, il ne doit être perçu de supplément de première mise que pour les sous-officiers élèves venus des adjudants ; les autres élèves doivent être pourvus, avant de quitter leur corps, de tous les effets de petit équipement réglementaires ;

5° Il ne doit pas être perçu de première mise pour les sous-officiers qui se rengagent dans les six mois qui suivent leur renvoi dans leurs foyers ; cette allocation est réservée pour les catégories de militaires désignés à l'article 202 du règlement du 8 juin 1883.

En outre, ceux de ces sous-officiers qui se rengagent au titre d'un nouveau corps, doivent recevoir les effets de petit équipement par les soins de ce corps, sans remboursement de la valeur de ces effets par le corps auquel ils ont précédemment appartenu ;

6° Pour les commissionnés, la première mise est allouée seulement lorsqu'ils sont réadmis sous les drapeaux après trois mois passés dans leurs foyers, depuis leur libération. Ceux qui sont rayés avant deux ans révolus d'activité, pour toute autre cause que la retraite ou la réforme motivée par des infirmités contractées ou des blessures reçues dans le service, remboursent la première mise entière, s'ils cessent de faire partie du corps avant l'expiration de la première année de service, et seulement la moitié de cette allocation, s'ils n'achèvent pas la seconde année.

§ III. — *Perception et régularisation des allocations.*

1° Les allocations sont faites d'après les tarifs en vigueur ;

2° Les règles d'allocation, de perception et de régularisation restent les mêmes que pour la masse individuelle ; on se borne à substituer sur les feuilles de journées et sur les revues de liquidation le titre de : « Masse de petit équipement » à celui de : « Masse individuelle » ;

3° Il en est de même sur les pièces de comptabilité.

§ IV. — *Dépenses*.

Achat, fourniture et remboursement des effets de petit équipement.

1° En ce qui concerne l'achat, la fourniture et le remboursement des effets de petit équipement, on se conforme aux dispositions des articles 189, 190, 191, 192, 193 de l'ordonnance du 10 mai 1844, modifiée par le décret du 1er mars 1880, de l'article 63 de l'instruction du 15 avril 1885, et des articles 33 à 42 de l'instruction du 14 avril 1885, modifiée par la note ministérielle du 21 janvier 1886 ;

2° L'officier d'habillement assigne aux effets distribués les prix d'achat dans le commerce ou de cession par les magasins de l'Etat, indiqués au registre des entrées et sorties du matériel où les effets sont décomptés comme par le passé ;

3° Les conseils d'administration s'inspirent de la situation de la masse de petit équipement pour régler la limite supérieure de la dépense des compagnies, escadrons ou batteries. Ils doivent veiller, avec le plus grand soin, à ce que la masse de petit équipement ne supporte que les dépenses lui incombant régulièrement et s'assurer qu'elle n'est pas grevée de dépenses imputables aux divers fonds de matériel ou aux abonnements ;

4° Le maximum des approvisionnements à entretenir au compte de la masse de petit équipement est fixé en valeur à 180 journées de prime journalière par homme pour l'effectif permanent du temps de paix ;

5° Quant au minimum, il reste tel qu'il est fixé par les tableaux d'approvisionnements ;

6° Les pièces de dépenses concernant la masse de petit équipement sont soumises à la formalité du timbre de quittance, mais elles sont exemptes du timbre de dimension comme pièces relatives à l'administration intérieure des corps.

§ V. — *Distributions d'effets de petit équipement*.

1° Les bons de distribution sont numériques en temps de paix, comme en temps de guerre ; ils ne sont pas décomptés en deniers par les compagnies, escadrons ou batteries ;

2° Aucune durée obligatoire n'est assignée aux effets de petit équipement. Tous ces effets doivent être employés jusqu'à complète usure. Ils sont ensuite retirés aux détenteurs, pour être versés dans les magasins du corps par les commandants d'unités administratives et reçoivent la destination prévue pour les effets d'habillement hors de service ;

3° En cas de mobilisation, on se conforme aux dispositions contenues dans la circulaire confidentielle du 21 juillet 1883, et les bons sont inscrits au chapitre spécial ouvert pour cet objet au carnet de comptabilité.

§ VI. — *Réparations et imputations diverses.*

1° Les bulletins de réparations sont nominatifs en temps de paix à l'intérieur, en Algérie et en Tunisie. Ils sont inscrits sur le bordereau journalier pour leur total seulement ; les noms des hommes que ces réparations concernent ne figurent donc pas sur ce bordereau ;

2° Lorsque les dégradations donnent lieu, après approbation du sous-intendant militaire chargé de la surveillance administrative du corps, à une répartition proportionnelle, il est établi un bulletin collectif d'imputation ;

3° Sauf pour les effets de petit équipement, la valeur du matériel perdu ou mis hors de service qui doit être imputée à la masse de petit équipement est constatée, dans le cas de négligence ou de malveillance de l'homme, par un bulletin modèle 61 du décret du 1er mars 1880, lequel comporte, dans ce cas particulier, le visa « pour autorisation » du fonctionnaire de l'intendance. Faute de cette constatation, la responsabilité de l'officier qui a autorisé l'imputation est engagée ;

4° Comme conséquence de ces dernières dispositions, les circulaires des 6 février 1874 et 5 avril 1876 sont et demeurent abrogées.

§ VII. — *Inscriptions à faire sur les livrets.*

Les effets de petit équipement sont inscrits sans décompte en deniers sur les livrets matricules et individuels du modèle actuel qui continueront provisoirement d'être mis en usage. L'inscription sur les livrets des effets distribués sera complétée par la lettre N (neuf) ou B (bon) dans la colonne affectée aux décomptes. Les réparations, autres que celles à la chaussure, ainsi que les dégradations, pertes ou mises hors de service par la faute des hommes, cesseront d'être inscrites sur les livrets.

Au moment du renvoi des hommes d'une classe, aucune inscription ne sera faite sur les livrets pour réparations.

§ VIII. — *Suppression de l'arrêté trimestriel des comptes individuels et de la feuille de décompte. — Etablissement du compte général de la masse de petit équipement.*

1° La feuille de décompte étant supprimée, les conseils d'administration font établir, chaque année, le compte général de la masse de petit équipement sur un état modèle n° 104 de la nomenclature générale des imprimés ;

2° Ce compte présente le résumé des recettes et des dépenses pour l'ensemble du corps ; mais les conseils d'administration, ayant intérêt à la bonne gestion de la masse de petit équipement, doivent s'assurer, pendant le cours de l'année, en comparant les dépenses de chacune des compagnies, que cette masse est bien administrée dans chaque fraction de corps.

§ IX. — *Effets à laisser et à retirer aux hommes quittant le service.*

1° Lorsqu'un homme est rayé des contrôles, étant présent, il ne lui est laissé que les effets de modèle irrégulier qu'il a été autorisé à employer, et, à défaut de ceux-ci :

Une cravate,
Une chemise,
Un caleçon,
Un mouchoir,
Une paire de bretelles,
Une paire de chaussures, et, s'il y a lieu, une paire de guêtres de cuir ou de toile, suivant l'époque du départ de l'homme, ou une paire de jambières,
Une chéchia (dans les corps où il est fait usage de cet effet de coiffure),
Un pantalon de toile .. } pour les militaires indigènes des
Un bourgeron de toile. } régiments de tirailleurs algériens.

2° Ces dispositions sont applicables à tous les hommes de troupe, y compris les engagés conditionnels d'un an, ainsi qu'aux cavaliers de manège ; elles ne concernent pas les sous-officiers élèves-officiers quittant les écoles en vertu d'un congé pour aller attendre, dans leurs foyers, leur nomination au grade de sous-lieutenant, ces élèves-officiers n'étant pas rayés des contrôles de l'Ecole au moment de leur départ en congé ;

3° En principe, les effets à laisser aux hommes doivent être encore en bon état de conservation. Pour les effets à réintégrer on doit choisir, autant que possible, ceux qui sont susceptibles de faire un plus long service ;

4° Les effets de petit équipement ne sont pas réclamés aux hommes rayés des contrôles en position d'absence dans leurs foyers ;

5° Lorsqu'un militaire a été condamné à une peine entraînant l'incapacité de servir dans l'armée, il ne lui est laissé que les effets mentionnés au présent paragraphe pour les hommes rayés des contrôles étant présents. Les effets retirés au condamné sont versés, par les soins de l'agent comptable de la prison, dans les magasins du corps d'origine, si ce corps est stationné dans la même ville ; dans le cas contraire, ces effets sont remis à l'un des corps de la garnison ;

6° Les effets ayant appartenu à des hommes morts à l'hôpital, reçoivent la destination prévue par l'article 248 de l'ordonnance du 10 mai 1844, modifiée par le décret du 1er mars 1880, et l'article 464 du règlement sur le service de santé ;

7° Dans les cas prévus aux deux alinéas qui précèdent, les effets de petit équipement susceptibles d'être encore utilisés, sont pris en charge à l'approvisionnement d'instruction ;

8° La valeur des effets décomptée d'après les indications de la nomenclature H I est remboursée à la masse de petit équipement par le budget de l'habillement ;

9° Pour les effets non susceptibles d'être utilisés, on se conforme aux dispositions du paragraphe suivant.

§ X. — *Classement et emploi des effets retirés aux hommes.*

1° Les effets retirés aux hommes ayant fait mutation doivent être immédiatement nettoyés et réparés. Ces opérations sont faites sous la surveillance des commandants de compagnie, d'escadron ou de batterie, autant que possible par les hommes placés sous leurs ordres.

2° La masse de petit équipement supporte les frais de nettoyage et de mise en état des effets retirés.

3° Dans le cas où les nettoyages et les réparations ne peuvent être faits par les hommes de la compagnie, de l'escadron ou de la batterie, les conseils d'administration pourront, exceptionnellement, passer des marchés pour assurer ce service. Mais ces marchés doivent être distincts de ceux concernant les effets de même nature distribués aux réservistes et aux territoriaux pendant les périodes d'instruction; les frais de nettoyage ou de mise en état de ces derniers effets devant rester à la charge du service de l'habillement.

4° Quel que soit le fonds d'imputation de la dépense, les effets de chaussures (bottes, bottines, brodequins ou souliers) sont nettoyés conformément aux dispositions de l'instruction du 21 décembre 1885.

5° Les effets retirés aux hommes ayant fait mutation sont conservés par les commandants de compagnie, d'escadron ou de batterie, pour être distribués avant tous autres aux hommes présents, si ces effets sont susceptibles d'être encore utilisés; quant à ceux qui seraient hors d'usage, ils devront être réintégrés au magasin du corps, pour recevoir la destination prévue pour les effets d'habillement hors de service. La réintégration en magasin des effets hors d'usage a lieu sans écritures.

6° Lorsque les effets remis en service portent encore l'empreinte des marques prescrites par les instructions sur la description des uniformes, ces marques sont rayées et remplacées par celles qui concernent les nouveaux détenteurs, dans les unités administratives auxquelles ces effets ont été distribués.

§ XI. — *Effets de petit équipement nécessaires aux réservistes et aux territoriaux.*

1° A défaut d'approvisionnement dans les compagnies, les effets de petit équipement nécessaires aux réservistes et aux territoriaux seront prélevés, à charge de remboursement par le budget de l'habillement, sur l'approvisionnement au compte de la masse de petit équipement.

2° Après la période d'exercices, ces effets seront réintégrés dans le magasin du corps et classés à l'habillement d'instruction.

3° Les effets distribués à nouveau sont marqués suivant les règles tracées par les instructions spéciales sur la convocation annuelle des réservistes et des territoriaux.

§ XII. — *Sommes imputables au budget de l'habillement pour les effets distribués après avoir servi.*

1° Le budget de l'habillement supporte la dépense de l'étamage des gamelles individuelles, qui sont distribuées aux réservistes et aux hommes de l'armée territoriale, sur l'approvisionnement en magasin des effets ayant servi. Il en est de même du blanchissage et du nettoyage des chemises, caleçons et autres effets.

2° Quant aux effets de petite monture et de pansage autres que ceux prélevés sur l'approvisionnement d'instruction, ils donnent lieu, dans le même cas, au payement, par ledit budget, de l'indemnité fixée pour le prix de ces effets. Il est fait recette, à la masse de petit équipement, des sommes ainsi imputées au budget de l'habillement. A cet effet, des états et des bordereaux numériques seront substitués aux états et bordereaux nominatifs actuellement en usage.

§ XIII. — *Effets que les hommes auront la faculté d'utiliser.*

1° Les hommes nouvellement incorporés seront autorisés à garder et à employer dans le service journalier :

1 paire de chaussures,
3 chemises,
2 caleçons,
2 serviettes,
2 mouchoirs de poche,

pourvu que ces effets ne diffèrent pas trop du modèle réglementaire.

2° La collection d'effets de première mise à leur attribuer est diminuée des effets qu'ils auront conservés.

3° L'usage des effets ne provenant pas du magasin du corps peut être toléré, lorsque ces effets ne seront pas apparents ; mais les chefs de corps doivent veiller à ce qu'aucune pression ne soit exercée sur les hommes, pour qu'ils achètent et fassent usage de ces effets contre leur gré.

§ XIV. — *Registre de comptabilité.*

A la fin de chaque trimestre, le registre de comptabilité présente le total des effets de petit équipement distribués, ainsi que la dépense totale qui résulte de toutes les autres dépenses imputables à la masse de petit équipement. Ce registre ne subit pas d'autre modification que le remplacement au § 6 de la 1re partie du livre de détail, des mots : « mis au compte des hommes » par ceux-ci : « mis au compte de la masse de petit équipement ».

§ XV. — *Cas de mobilisation générale.*

1º Lors d'une mobilisation générale, les effets de petit équipement en service et en état d'usure trop avancé pour être emportés en campagne, ou de modèles irréguliers, défectueux, sont remplacés, au compte du service de l'habillement, et versés au magasin, pour être classés à l'approvisionnement d'instruction.

2º Les effets neufs restant en magasin sont versés à l'approvisionnement général au compte du service de l'habillement et la valeur en est remboursée immédiatement par le budget de ce service à la masse de petit équipement.

3º Les corps sont informés, en temps utile, des services qui doivent supporter les autres dépenses incombant à la masse de petit équipement.

4º Les corps conservent la faculté de déposer au Trésor les fonds devenus disponibles, par suite de la suppression du fonctionnement de la masse de petit équipement. Ils se conformeront, à cet égard, aux prescriptions contenues dans l'ordonnance du 10 mai 1844, pour les dépôts de fonds.

5º Les dispositions ci-dessus sont applicables aux établissements restant sur le territoire, en cas de mobilisation, sauf en ce qui concerne les pénitenciers militaires et les ateliers de travaux publics.

6º Les hommes des différentes armes ou des différents services appelés à l'activité en cas de mobilisation, sont pourvus d'effets de petit équipement au compte du budget du service de l'habillement.

§ XVI. — *Dispositions relatives aux spahis, à la gendarmerie et aux sapeurs-pompiers.*

1º Le décret du 7 mars 1885 n'est applicable ni aux spahis, ni à la gendarmerie, ni au régiment de sapeurs-pompiers de la ville de Paris. En conséquence, toutes les dispositions qui régissent actuellement les masses individuelles de ces corps continuent de recevoir leur application.

2º Les dispositions de l'article 219 du règlement du 8 juin 1883 doivent être étendues aux militaires passant des corps de troupe n'ayant pas de masse individuelle dans les régiments de spahis. Par suite, les articles 221 et 224 du même règlement n'ont plus d'application.

3º Les corps de troupe n'ayant plus de masse individuelle ne sont plus tenus de rembourser les débets des militaires venant des spahis. Les remboursements de ces débets sont effectués comme il est prescrit à l'article 227 du règlement du 8 juin 1883.

4º Le même mode de procéder est applicable aux hommes venus de la gendarmerie.

5º Lorsqu'un militaire quittant le régiment de sapeurs-pompiers, pour rentrer dans un autre corps, a sa masse, soit au-dessous du complet, soit au complet réglementaire de 80 francs, cette masse est conservée par la ville de Paris qui l'a fournie de ses deniers ; s'il y a un excédent, il est remis à l'homme.

6° Quant aux militaires incorporés actuellement au régiment des sapeurs-pompiers et qui seraient renvoyés à leur ancien corps, le budget municipal restituerait à ces corps l'avoir qui aurait pu être apporté par les militaires, lors de leur admission au régiment de sapeurs-pompiers.

7° Comme conséquence de ces dernières dispositions, la ville de Paris remboursera le débet des sapeurs-pompiers qui, par inaptitude ou inconduite, seraient renvoyés à leur régiment d'origine.

§ XVII. — *Effets à emporter par les hommes changeant de corps, passant dans les compagnies de discipline, dirigés sur les prisons, passant dans la marine et venant de la marine dans l'armée de terre.*

1° En principe, les commandants d'unités administratives doivent s'inspirer des dispositions énoncées au § IX pour fixer le nombre et la nature des effets que les hommes faisant mutation peuvent emporter ;

2° En toutes circonstances, les effets laissés aux hommes quittant le corps doivent être en bon état de conservation et susceptibles de faire encore un bon service, sans que ces effets soient nécessairement neufs ;

3° Chaque militaire passant dans un autre corps de même arme doit être pourvu, avant son départ, de tous les effets de petit équipement réglementaires. L'état des effets emportés est envoyé au nouveau corps. Il en est de même pour les sergents-majors, maréchaux des logis chefs, sergents, maréchaux des logis et enfants de troupe envoyés comme élèves à l'une des Ecoles mentionnées ci-après :

    Ecole militaire d'infanterie,
    Ecole d'application de cavalerie,
    Ecole des sous-officiers de l'artillerie et du génie,
    Ecole d'administration,
    Ecoles d'enfants de troupe ;

4° Les militaires passant d'un corps de troupe à pied dans un corps de troupe à cheval et réciproquement, n'emportent que les effets de petit équipement qui peuvent être utilisés dans leur nouvelle position. L'état des effets emportés est également envoyé au nouveau corps. Les autres effets sont classés comme il est indiqué au § X ;

5° Les militaires passant d'un corps de troupe dans les compagnies de discipline doivent être pourvus, par leur corps, des effets ci-après, savoir :

    2 chemises,
    1 caleçon,
    2 cravates,
    1 étui-musette.

1 gamelle,
2 mouchoirs,
1 paire de bretelles,
1 paire de guêtres de toile (s'il y a lieu),
2 paires de souliers (dont une au moins en bon état),
1 pantalon de treillis,
1 sac de petite monture complet (y compris la trousse garnie),
1 serviette ;

6° Les hommes de troupe dirigés de leur corps sur les prisons militaires sous la prévention de crimes ou de fautes passibles du conseil de guerre doivent emporter tous leurs effets de petit équipement. L'état de ces effets est envoyé à la prison militaire où l'homme est écroué préventivement ;

7° En cas de condamnation n'entraînant pas la radiation des contrôles de l'armée, l'homme emporte ses effets de petit équipement à l'atelier ou au pénitencier sur lequel il est dirigé, et l'état desdits effets est adressé à cet établissement ;

8° Les dispositions du présent paragraphe concernant les hommes changeant de corps sont applicables aux militaires de l'armée de terre passant dans les corps de troupe de la marine. Avant leur départ pour rejoindre leur nouvelle destination, ces militaires doivent être pourvus de tous les effets de petit équipement réglementaires et susceptibles de faire un bon service. L'état des effets de petit équipement emportés est envoyé au nouveau corps. Ces prescriptions ne sont pas applicables aux corps de troupe dans lesquels la masse individuelle n'a pas cessé de fonctionner ;

9° Les militaires de la marine passant dans l'armée de terre doivent arriver à leur nouvelle destination pourvus d'une collection complète d'effets de petit équipement.

MILITAIRES EN SUBSISTANCE.

§ XVIII. — 1° *Dans d'autres fractions du corps.*

1° Les hommes en subsistance dans une autre fraction de leur corps sont pourvus des effets de petit équipement qui leur sont nécessaires par la compagnie, la batterie ou l'escadron où ils sont en subsistance et compris sur les bons de cette compagnie, batterie ou escadron ;

2° Les allocations de prime d'entretien pour ces militaires figurent sur les feuilles de journées de l'unité dans laquelle ils sont placés en subsistance.

§ XIX. — 2° *Dans d'autres corps.*

1° Les militaires en subsistance dans d'autres corps reçoivent les effets de petit équipement au titre de leur corps d'origine et par les soins du corps où ils sont en subsistance. Les corps d'origine continuent à percevoir pour eux la prime journalière. Les certificats prescrits par l'article 381 du règlement du 8 juin 1883, sont envoyés comme par le passé ;

2° Pour obtenir le remboursement des effets fournis, les conseils d'administration envoient des factures décomptées aux corps auxquels les hommes appartiennent. Ces corps doivent faire parvenir sans retard un mandat de trésorerie représentant le montant de ces factures. La dépense est justifiée par la déclaration de versement annexée à la facture ;

3° Toutefois, les hommes en subsistance dans les corps d'une arme autre que celle à laquelle ils appartiennent, où il n'est pas fait usage des effets de petit équipement qui leur sont nécessaires, en sont pourvus, s'il y a lieu, sur la demande du conseil d'administration, par le corps d'origine, s'il est à proximité, ou par un corps voisin, qui est remboursé comme il est dit à l'alinéa précédent.

§ XX. — *Militaires détachés dans les Ecoles.*

1° Les militaires détachés, à un titre quelconque, à l'Ecole normale de tir du camp de Châlons et l'Ecole régionale de tir du même lieu, sans faire partie du cadre constitutif de ces écoles, sont pourvus des effets de petit équipement qui leur sont nécessaires d'après les mêmes règles que les subsistants dans d'autres corps. Ces dispositions sont également applicables aux sous-officiers des régiments d'infanterie de marine élèves à l'Ecole militaire de Saint-Maixent. Les régiments d'infanterie de marine conservent l'administration de la masse de leurs sous-officiers élèves-officiers. L'Ecole se fait rembourser par les corps d'origine la valeur des effets de petit équipement distribués à ces élèves ;

2° Les écoles ci-après désignées :
    Ecole supérieure de guerre,
    Ecole militaire d'infanterie,
    Ecole d'application de cavalerie,
    Ecole des sous-officiers de l'artillerie et du génie,
    Ecoles militaires préparatoires,
    Ecoles d'administration,
    Ecole de gymnastique,
    Ecole de pyrotechnie,
    Ecole régionale de tir du camp du Ruchard,
    Ecole régionale de tir du camp de la Valbonne,
perçoivent pour les militaires qui y sont détachés, sans faire partie du cadre permanent, la prime journalière d'entretien de la masse de petit équipement ; elles sont chargées de pourvoir à toutes les dépenses occasionnées par ces hommes et qui incombent à cette masse ;

3° En ce qui concerne les enfants de troupe admis dans les écoles militaires préparatoires, l'école perçoit la première mise déterminée par le décret du 3 mars 1885 (art. 13) pour ceux de ces enfants qui n'ont pas passé par les corps. -

4° Les militaires appartenant à des régiments de spahis et détachés, à un titre quelconque, à l'Ecole d'application de cavalerie, sont considérés comme y étant placés en subsistance, et il leur est fait application des dispositions concernant les hommes en subsistance dans d'autres corps.

§ XXI. — Amendes et frais de justice.

1° Aucun prélèvement pour payement d'amendes ou de frais de justice ne doit être opéré sur la masse de petit équipement, quels que soient, d'ailleurs, l'époque de la condamnation de l'homme et le tribunal qui a prononcé cette condamnation.

2° Lorsque des militaires débiteurs de frais de justice ou d'amendes sont dirigés, à la suite d'une condamnation, sur un établissement pénitentiaire, les conseils d'administration des corps d'où proviennent ces militaires font parvenir, sans retard, au commandant de l'établissement pénitentiaire, conformément aux dispositions de la note ministérielle du 15 mai 1885, l'extrait du jugement qui leur a été adressé par le percepteur consignataire de cet extrait.

3° Le commandant de l'atelier de travaux publics, ou du pénitencier, ainsi que l'agent principal de la prison où l'homme a été dirigé, inscrit, aux livrets de l'homme et à son compte particulier, le montant des sommes dont il reste redevable pour amende ou frais de justice. Ces sommes sont remboursées par imputation sur le produit du travail du détenu ainsi que sur ses fonds particuliers, sans que cette imputation diminue toutefois l'importance des prélèvements réglementaires, soit pour la nourriture des détenus, soit au profit du Trésor ou de la masse de petit équipement. La somme que ces prélèvements laissent disponible, sert seule à l'acquittement des frais et amendes dont il s'agit.

4° Les dispositions qui précèdent sont applicables aux militaires actuellement détenus dans les établissements pénitentiaires et qui seraient encore redevables de sommes au même titre.

5° Les prescriptions des circulaires des 27 août 1878 et 31 mars 1879 doivent continuer d'être appliquées, après leur détention, aux militaires faisant partie des corps où la masse individuelle est maintenue. Les frais de justice et amendes qu'ils n'auraient pu acquitter pendant leur séjour dans l'établissement pénitentiaire sont imputés à leur masse individuelle, d'après les règles tracées par les deux circulaires précitées.

§ XXII. — Dispositions spéciales aux compagnies de discipline
et aux bataillons d'infanterie légère d'Afrique.

1° Les centimes de poche et les allocations de haute paye retenus pour cause d'inconduite aux militaires des compagnies de discipline et versés autrefois à leur masse, ne font pas retour à la masse de petit équipement. Les sommes provenant de ces retenues sont déposées trimestriellement à la caisse d'épargne au nom des disciplinaires.

2° Dans les compagnies de discipline, la masse de petit équipement fait recette de la moitié du produit du travail, à moins que des nécessités de service, sur lesquelles le Ministre se réserve de statuer, n'empêchent ce versement.

3° Les dispositions de l'article 208 du règlement du 8 juin 1883, relatives à l'allocation d'une demi-première mise aux hommes passant dans les compagnies de discipline et les bataillons d'infanterie légère d'Afrique, continuent d'être appliquées.

4° Mais les demi-premières mises allouées seront versées trimestriellement à la masse de petit équipement par voie de virement à la centralisation.

§ XXIII. — *Pénitenciers militaires et ateliers de travaux publics.*

1° A partir du 1er janvier 1887, les corps de troupes cesseront de percevoir la première mise de petit équipement de 10 francs pour les hommes envoyés dans les pénitenciers et les ateliers de travaux publics.

2° Cette première mise, destinée à alimenter la masse de petit équipement, sera perçue, à titre d'avance, sur les fonds du service de la justice militaire (masse d'entretien des pénitenciers et des ateliers), par l'établissement pénitentiaire, pour chaque militaire de l'armée de terre nouvellement admis.

3° MM. les directeurs du service de l'intendance du gouvernement militaire de Paris, des 15e et 19e corps d'armée, mandateront, au fur et à mesure des besoins, au profit des conseils d'administration des pénitenciers et ateliers de travaux publics, les sommes nécessaires, sur la production d'états nominatifs, signés par le président du conseil d'administration et indiquant les condamnés nouvellement écroués à l'établissement.

4° L'avance sera régularisée ultérieurement par l'administration centrale. A cet effet, chaque pénitencier ou atelier de travaux publics adressera trimestriellement (2° *Direction, — Bureau de la justice militaire)*, et dans les dix jours qui suivront l'expiration du trimestre auquel la dépense sera afférente, un état récapitulatif du modèle ci-joint, indiquant, par arme, le nombre de militaires pour lesquels aura été perçue la première mise de petit équipement de 10 francs.

5° En ce qui concerne les militaires de la marine, les corps d'origine sont chargés d'adresser aux établissements pénitentiaires la première mise de 10 francs. En cas de débet à la masse individuelle des militaires venus de la marine, la valeur de ce débet devra être reprise sur le produit de leur travail et remboursée au corps d'origine jusqu'à concurrence du débet qu'avait l'homme au moment de son arrivée.

6º Pour les condamnés venant des régiments de spahis, il y a lieu de faire une distinction entre les spahis français et les spahis indigènes. Ceux-ci sont toujours renvoyés, à l'expiration de leur peine, dans les corps d'où ils proviennent; tandis que les premiers reçoivent une autre destination.

En conséquence, pour les spahis français, les établissements pénitentiaires et les ateliers de travaux publics reçoivent le montant intégral de l'avoir à la masse des condamnés; tandis que pour les spahis indigènes, les prescriptions de l'article 226 du règlement du 8 juin 1883 continuent d'être appliquées. Toutefois, conformément aux dispositions du paragraphe XVI de la présente instruction, les débets à la masse individuelle des spahis ne sont pas remboursés par les établissements.

7º Dans les ateliers de travaux publics et les pénitenciers, la masse de petit équipement est alimentée, en dehors des premières mises, par les mêmes recettes que celles attribuées à la masse individuelle, d'après les dispositions réglementaires qui étaient en vigueur avant l'application du décret du 7 mars 1885. Cette prescription, qui modifie le mode adopté par le dernier alinéa du § XXIII de la circulaire du 26 mars 1885, sera applicable à dater du 1ᵉʳ janvier 1887. La masse de petit équipement supporte, comme dans tous les autres corps, le montant des pertes et des dégradations qui étaient imputées autrefois à la masse individuelle.

8º Le conseil d'administration des établissements pénitentiaires détermine le montant des centimes de poche à distribuer aux détenus, en se basant sur l'avoir des fonds particuliers, sur la conduite habituelle des détenus, et en restant dans les limites de l'article 305 du règlement du 23 juillet 1856.

§ XXIV. — *Prisons militaires.*

1º Il n'est rien changé au fonctionnement des masses du Trésor, d'ordinaire et de prison. Cette dernière continue de supporter les mêmes dépenses; mais, lorsque les détenus quittent l'établissement, les fonds particuliers qui peuvent leur revenir sont seuls envoyés aux corps ou établissements sur lesquels ils sont dirigés. Ces corps les portent en recette aux fonds divers, où ils figurent jusqu'au moment où il est possible de les déposer, en leur nom, à la caisse d'épargne;

2º Il demeure bien entendu qu'aucun fonds de masse de petit équipement n'est constitué pour les détenus.

§ XXV. — *Pertes et dégradations imputables à des militaires absents de leur corps.*

1º La valeur des objets perdus, mis hors de service ou dégradés par des militaires en position d'absence ne donnant pas droit à la prime journalière de la masse de petit équipement, est néanmoins imputée à cette masse ;

2° Les commandants de compagnie, d'escadron ou de batterie doivent s'assurer que les dépenses pour réparations ou dégradations sont pleinement justifiées.

§ XXVI. — *Dispositions particulières.*

Tout militaire qui ne peut pas représenter la totalité des effets qui lui ont été distribués et qui ne peut pas justifier de l'emploi de ceux qui manquent, est passible, suivant les circonstances, de punitions disciplinaires ou même des peines édictées aux articles 244 et 245 du Code de justice militaire.

§ XXVII. — *Dispositions transitoires.*

1° Les enfants de troupe, maintenus provisoirement dans les corps, sont réunis par arme dans un même régiment de la région. C'est ce régiment qui est chargé de pourvoir à la fourniture des effets de petit équipement à leur délivrer.

Les effets sont ceux en usage dans l'arme dont les enfants font partie; ils sont payés par les fonds de la masse de petit équipement, pour ceux de ces enfants âgés de plus de quinze ans, et mis au compte de la masse générale d'entretien, pour les enfants qui n'ont pas atteint cet âge.

2° Dans les établissements pénitentiaires, lorsque les fonds particuliers des détenus libérés, disparus, morts ou graciés, présentent un débet provenant du remboursement au corps d'origine d'un débet ayant existé à la masse individuelle, ce débet aux fonds particuliers doit être remboursé à l'établissement pénitentiaire par le corps d'origine, au moyen d'une imputation sur les fonds de la masse de petit équipement. Toutefois, ce remboursement n'est effectué que jusqu'à concurrence du débet apporté par l'homme au moment de son arrivée à l'établissement; le surplus est imputé à la masse d'entretien de l'établissement pénitentiaire.

3° Aucune masse de petit équipement ne devant être constituée dans les prisons militaires pour les détenus qui y subissent leur peine, le fonds de masse individuelle des militaires doit être adressé, à leur sortie de prison, en même temps que leurs fonds particuliers, au corps ou établissement sur lequel ils seront dirigés. Ce corps ou établissement fait recette du fonds de masse au titre de la masse de petit équipement et donne aux fonds particuliers la destination prescrite par la circulaire du 8 janvier 1859, complétée par la décision ministérielle du 19 février 1877.

Toutefois, la somme à envoyer au corps ou établissement sur lequel l'homme est dirigé ne doit comprendre, au titre de la masse de petit équipement, que l'avoir à la masse individuelle tel qu'il a été arrêté au 1ᵉʳ juillet 1885, c'est-à-dire après défalcation faite des versements volontaires.

Les débets restent à la charge des fonds particuliers ;

4° L'époque du remboursement des sommes acquises au 1ᵉʳ juillet 1885, à titre de versements volontaires, reste subordonnée, comme précédemment, aux ressources des corps. Mais, dans tous les cas, les hommes qui quittent le service doivent être payés au moment de leur départ.

Les sommes qui étaient dues le 1ᵉʳ juillet 1885, à titre de remboursement de versements volontaires ou de payement d'excédents de masse, à des militaires décédés depuis cette époque, avant d'avoir pu toucher ces sommes, doivent être versées par les corps à la Caisse des dépôts et consignations au profit des héritiers.

Le Ministre de la Guerre,

Signé : Gᵃˡ Boulanger.

Paris et Limoges. — Imp. Henri CHARLES-LAVAUZELLE, éditeur militaire.

9 782019 635428